Sauvons la baleine !

René Gouichoux et Elia
Charlotte Ameling

Éditions Lito

Pour la fée Pomme.
E.

Pour Jade et Noa.
C.A.

Sur l'île des Tipitis, il y a deux tribus : les Tipitis-d'Ici
et les Tipitis-de-Là.
Un jour, il y a très très longtemps, ils se sont disputés si fort
qu'ils sont toujours restés brouillés.
C'est depuis cette horrible fâcherie que, de père en fils et de mère
en fille, les Tipitis-d'Ici et les Tipitis-de-Là ne se parlent plus.
Du coup, ils vivent chacun de leur côté, de part et d'autre
d'un grand fossé que personne ne franchit jamais.

Ce matin, un petit garçon nommé Vata se promène
sur la plage, du côté des Tipitis-d'Ici bien évidemment,
et voilà qu'il découvre une baleine échouée sur le rivage.

Il court prévenir son clan.
– Venez vite ! crie-t-il, une baleine est coincée dans le grand fossé. Il faut la sauver !

Toute la tribu des Tipitis-d'Ici se précipite sur la plage.
La baleine est immobile et vraiment mal en point.
Les Tipitis-d'Ici se placent contre elle, de leur côté
du fossé, et poussent, poussent, poussent…
mais la baleine ne bouge pas d'un pouce.

À la fin de la journée, les Tipitis-d'Ici, fatigués d'avoir poussé, sont découragés et rentrent se reposer.
Seul Vata reste jusqu'à la nuit. À l'aide d'une coque de noix de coco, il verse de l'eau sur le corps de la baleine pour la garder en vie. Dans un murmure, il lui promet :
– Je te sauverai.

Le lendemain matin, dès l'aube,
Vata revient pour arroser la baleine.
Une petite fille est déjà sur la plage, de l'autre côté
du fossé. C'est Viti, de la tribu des Tipitis-de-Là.

Et, alors que les Tipitis-d'Ici et les Tipitis-de-Là ne se parlent jamais, Viti demande à Vata :

– Qu'est-ce que tu fais ?

Vata lui répond :

– Je mouille la peau de la baleine. Je veux qu'elle vive.

– Je peux t'aider ? demande Viti.

– Je veux bien, dit Vata.

Alors Viti saisit à son tour une coque de noix de coco et verse de l'eau sur le corps de la baleine.

Tout à coup, la petite fille se lève et file comme une fusée vers sa tribu, les Tipitis-de-Là.

Bientôt, le clan tout entier arrive sur la plage et découvre la baleine, toujours immobile.
Les Tipitis-de-Là se placent contre elle, de leur côté du fossé, et poussent, poussent, poussent…
mais la baleine ne bouge pas d'un pouce.

Comme les Tipitis-d'Ici avant eux, les Tipitis-de-Là repartent découragés. Seuls Vata et Viti restent auprès de la baleine. Ils réfléchissent, tout en lui versant de l'eau sur le corps.

Soudain, quelque chose d'incroyable se produit.
Les deux enfants se regardent dans les yeux et disent en même temps :
– Et si les deux tribus poussaient ensemble ? Je rêve ! Tu rêves ! On rêve ! Ma tribu ne voudra jamais !

Mais la rusée Viti a une idée ; sur le dos de leur amie, elle confie son secret à Vata. Les deux enfants se prennent par les mains et s'embrassent en murmurant :

– Tous les Tipitis ensemble !

Puis chacun regagne le chemin de sa tribu.

Vata arrive au campement des Tipitis-d'Ici.
– Les Tipitis-de-Là ont dit qu'ils étaient assez forts pour remettre la baleine à la mer tout seuls ! annonce-t-il à son clan rassemblé.
À ce moment-là, tous s'exclament :
– Cooooooooooooomment ?
Et ils se dirigent vers la plage comme un seul homme.

Pendant ce temps, Viti, elle aussi, est arrivée à son village.
– Les Tipitis-d'Ici ont décidé de remettre la baleine à la mer, dit-elle. Elle ajoute :
– Tout seuls.
À ce moment-là, tous s'écrient :
– Coooooooooooooomment ?

Bientôt, sur la plage, se déroule un spectacle incroyable : les membres des deux tribus accourent en même temps vers le fossé.

D'un bord, on entend les Tipitis-d'Ici :

– Ho Hisse ! Ho Hisse !

De l'autre, on entend les Tipitis-de-Là :

– Ho Hisse ! Ho Hisse !

Tous les Tipitis poussent dans un même élan et, le plus drôle, c'est que les Tipitis-d'Ici sont tellement occupés à pousser qu'ils ne se rendent même pas compte que les Tipitis-de-Là poussent aussi. Et vice-versa !

Soudain… Vlouf ! la baleine glisse dans l'eau. Vata et Viti, toujours sur son dos, plongent dans la mer en riant. La baleine nage lentement vers le large en soufflant un grand jet d'eau qui semble vouloir dire merci.

– Au revoir ! s'exclament tous les Tipitis.

Au même instant, les habitants de l'île s'aperçoivent qu'ils sont tous dans le grand fossé qui les séparait autrefois. Mais aujourd'hui, ils ont compris. Ils se sourient et, d'un même geste, se prennent dans les bras en disant :

– Tous les Tipitis ensemble !

TIPITIS

Dans cette collection :

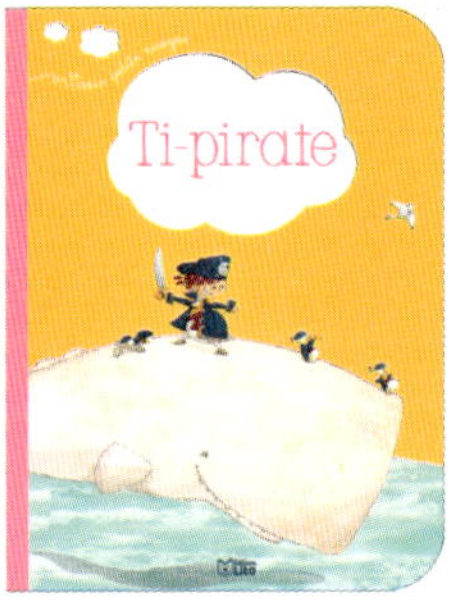

ISBN 978-2-244-40739-5

www.editionslito.com

Lito 41, rue de Verdun 94500 Champigny-sur-Marne
Imprimé en UE
Loi n° 49-956 du 16 juillet 1949
sur les publications destinées à la jeunesse
Dépôt légal : mai 2014